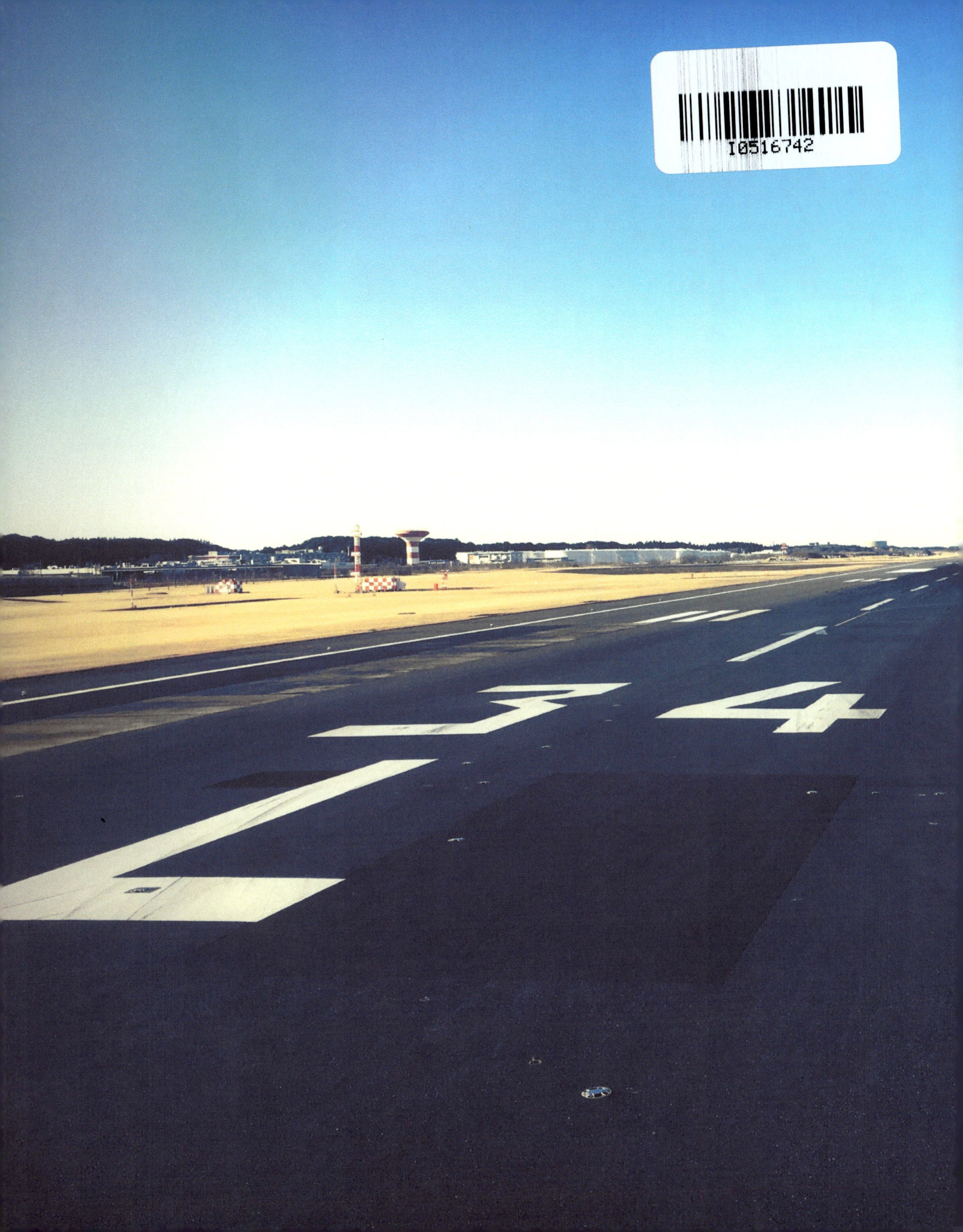
34
L

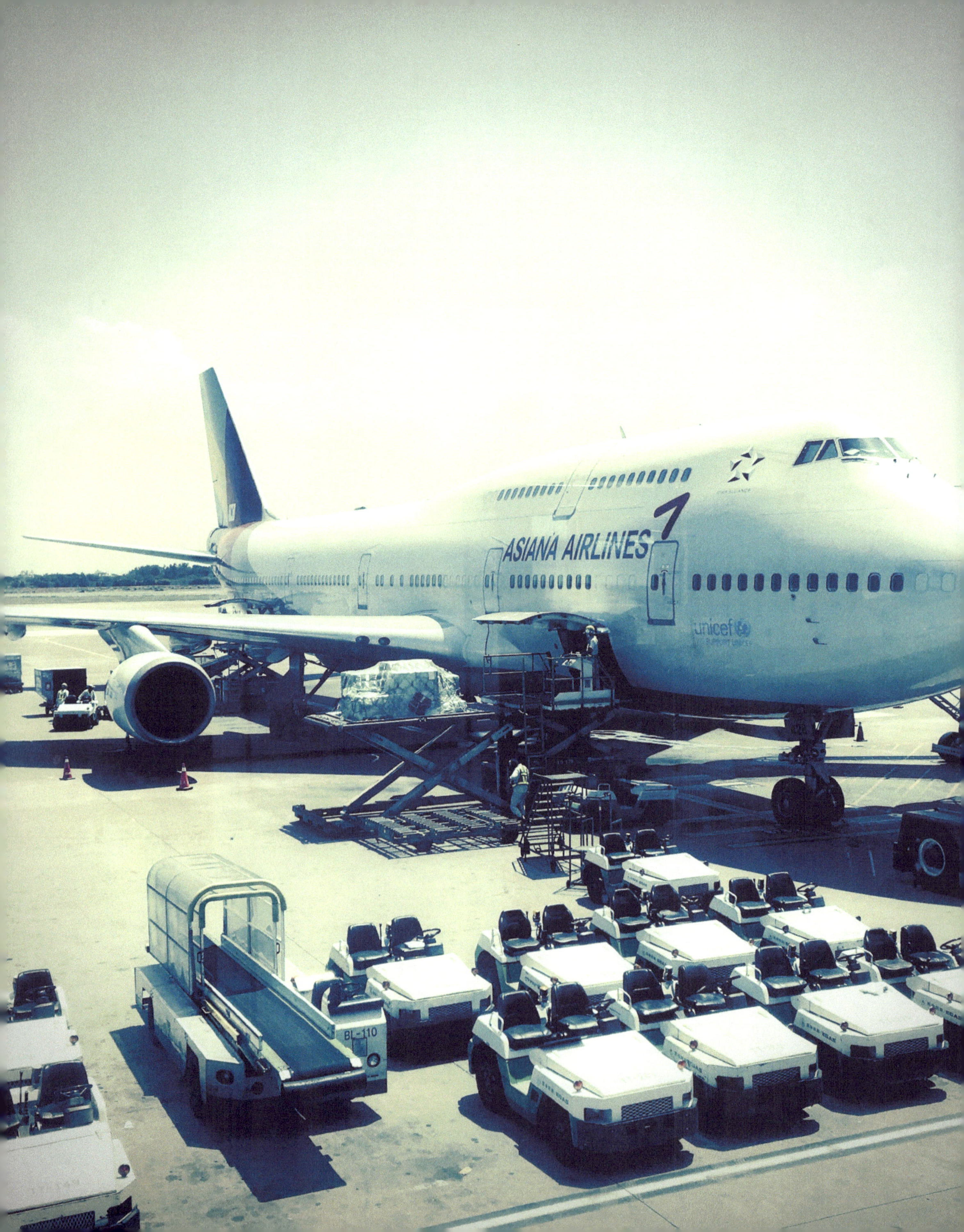
ASIANA AIRLINES
unicef
BL-110

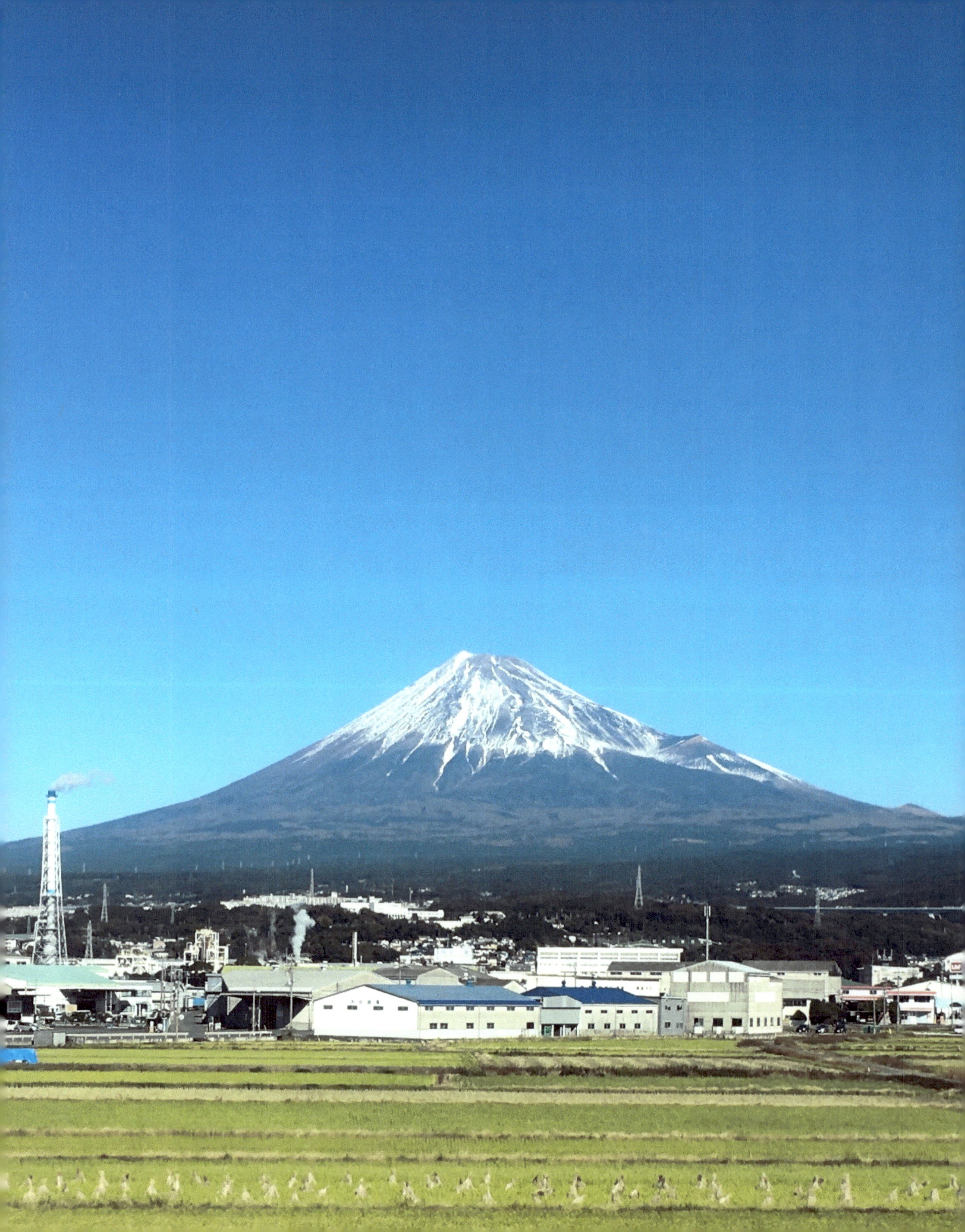

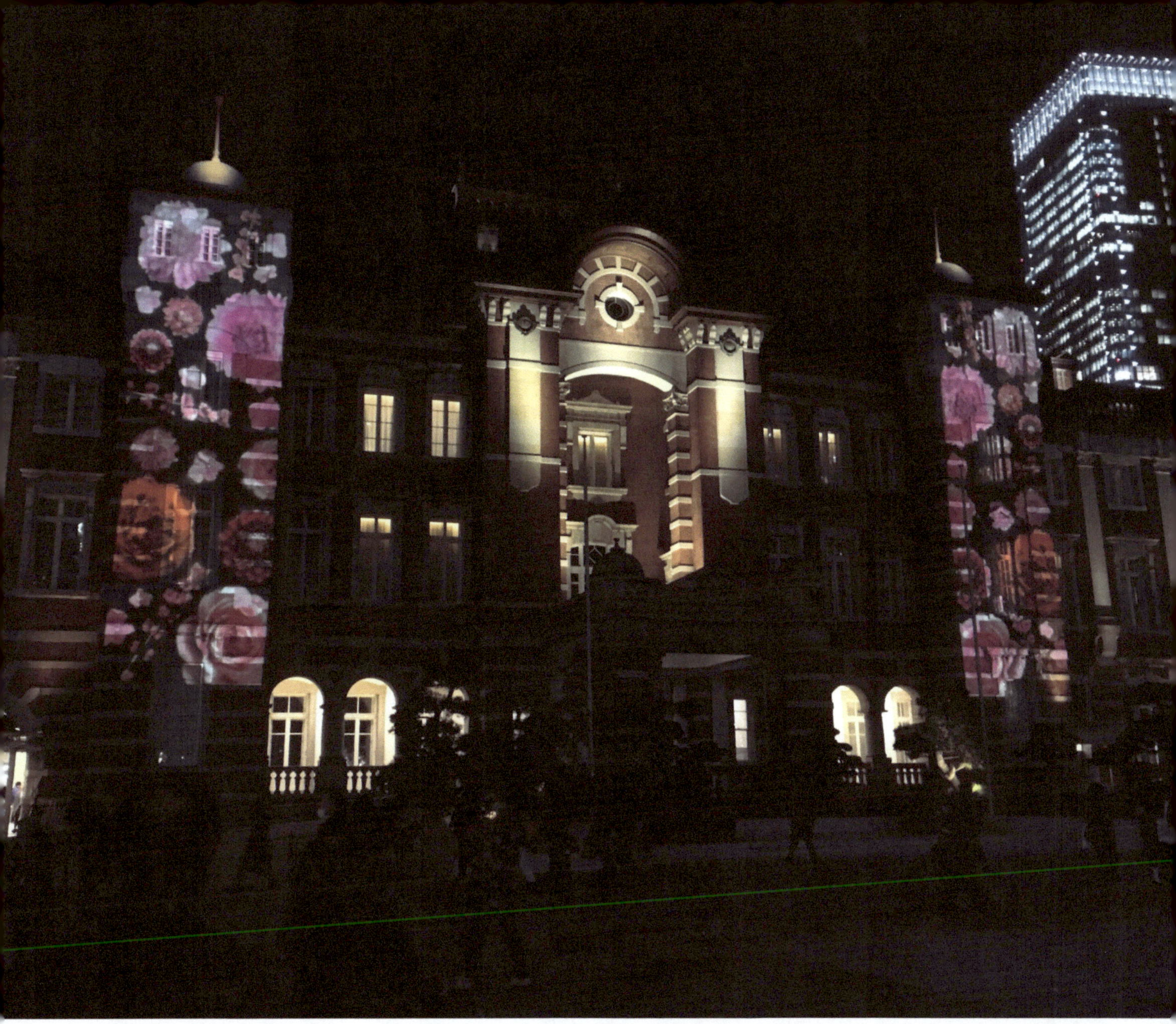

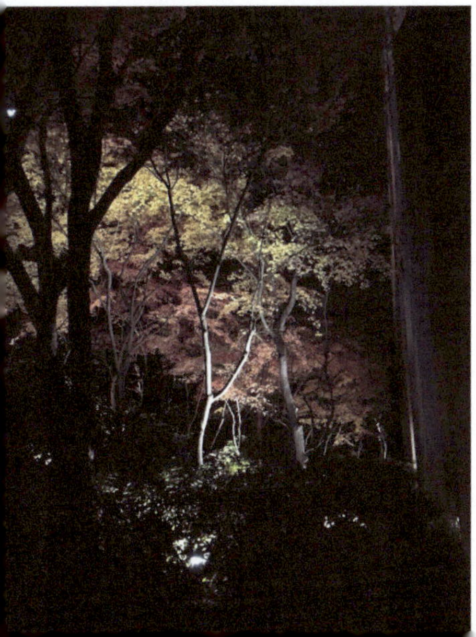

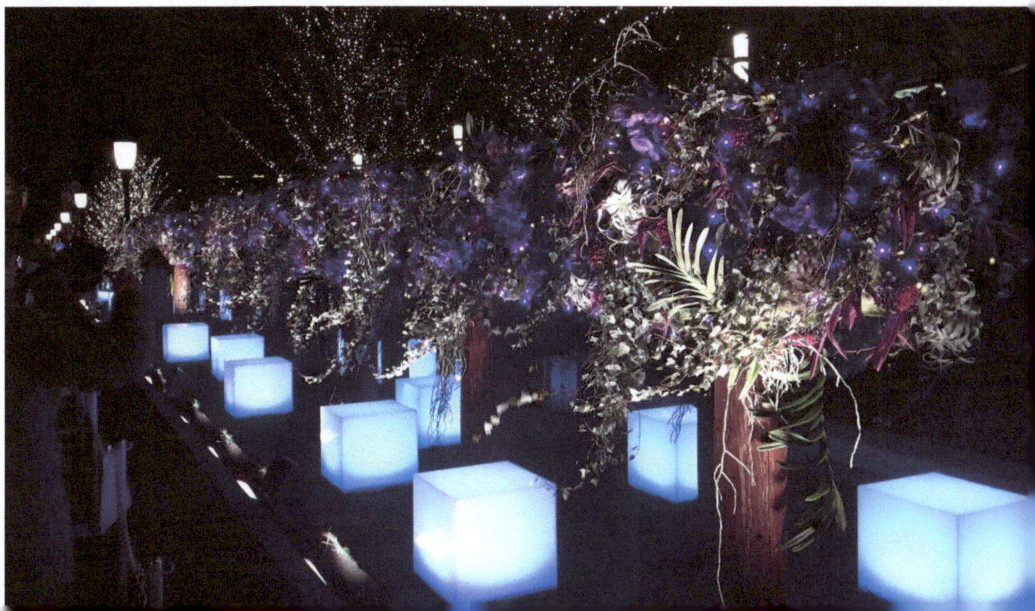

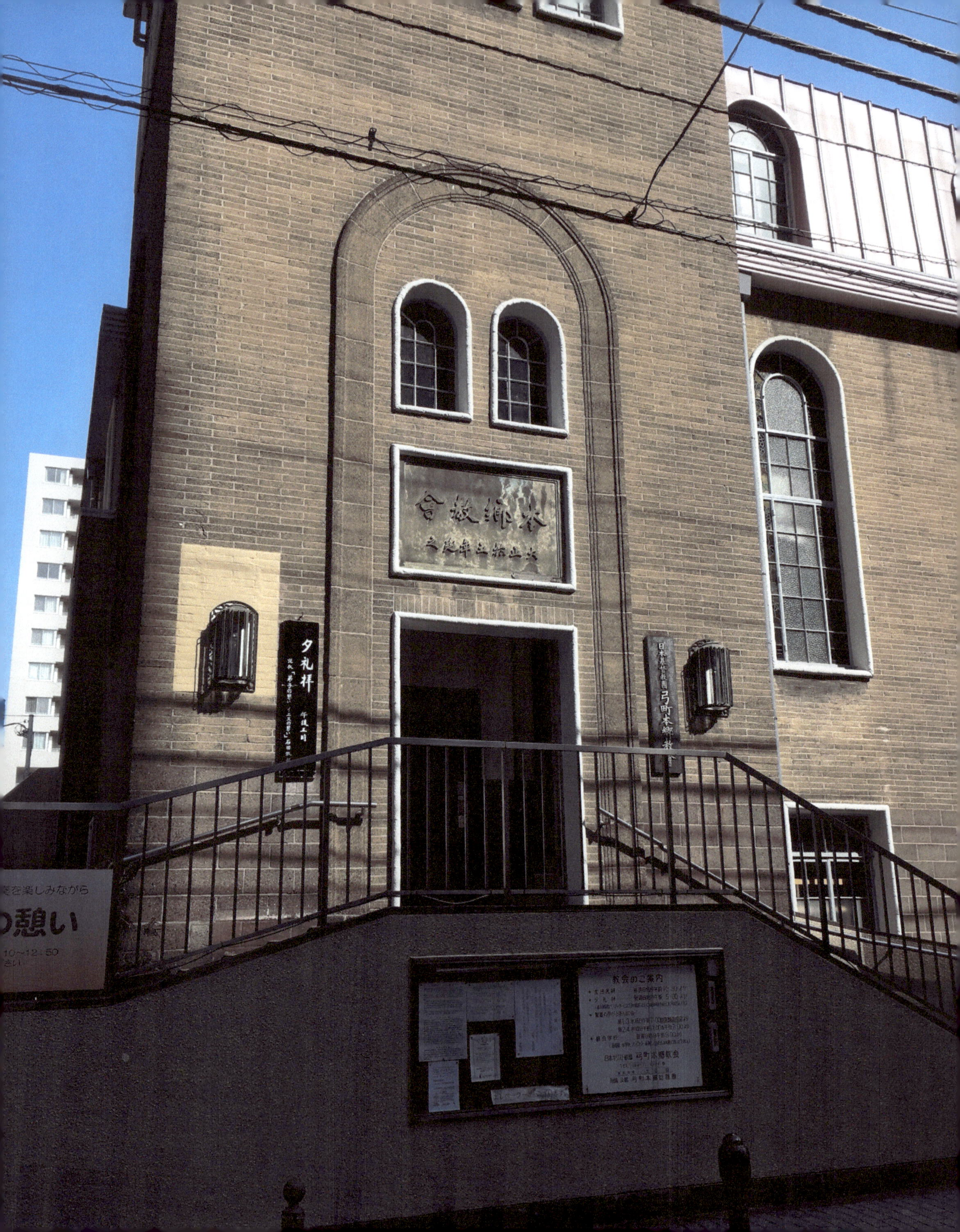
本鄉教會
夕礼拝
午後五時
日本基督教団 弓町本郷教会
教会のご案内
を楽しみながら
の憩い

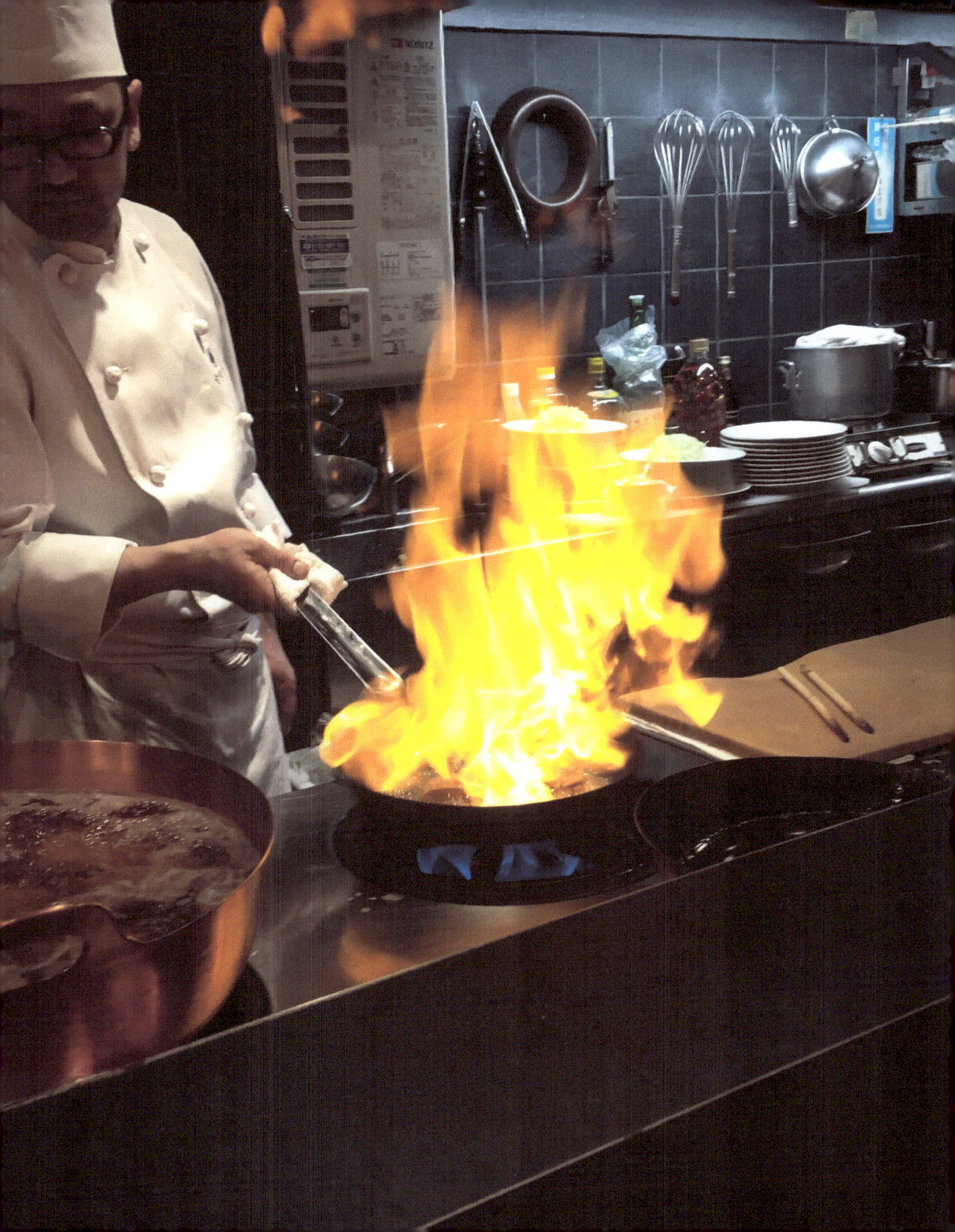

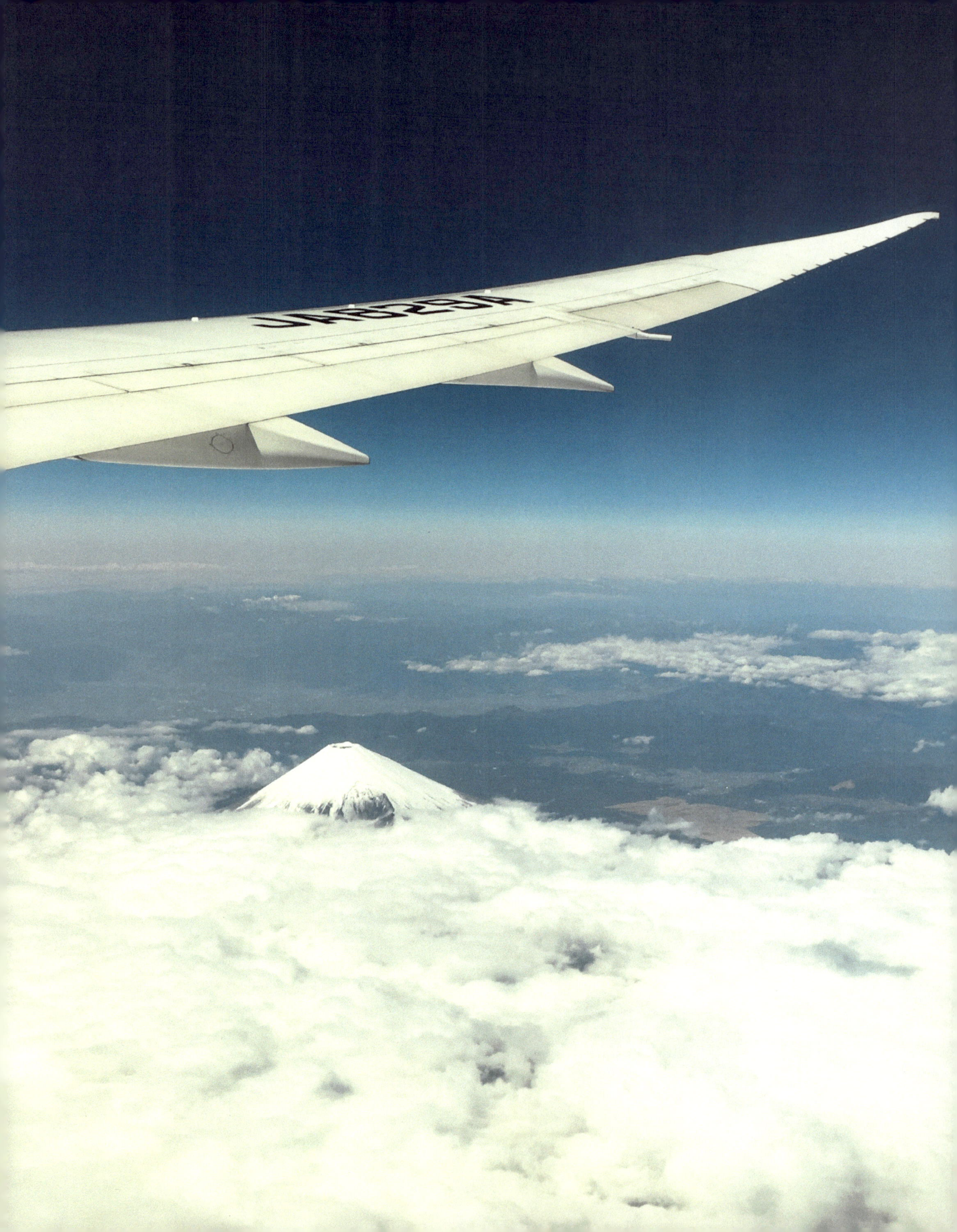

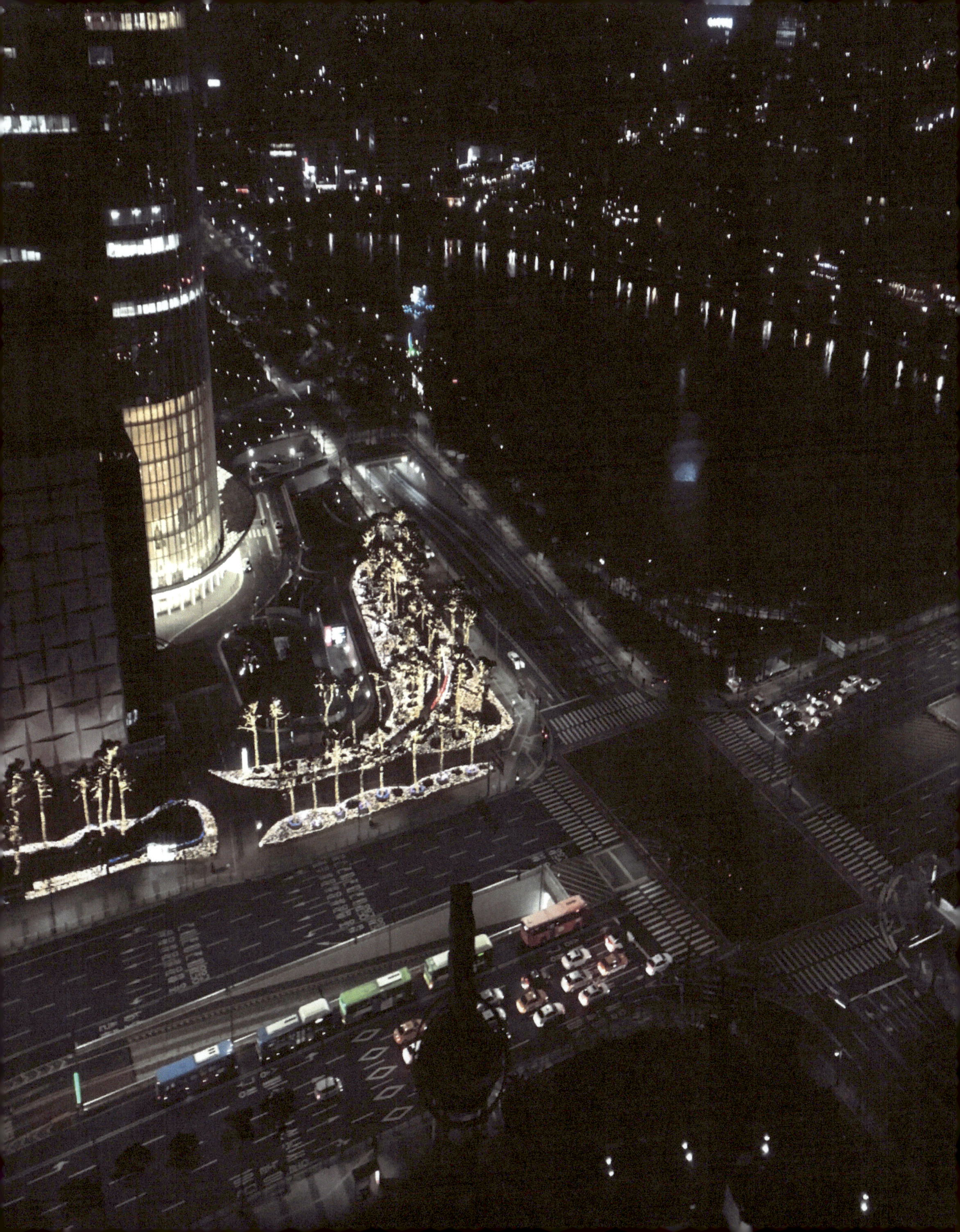

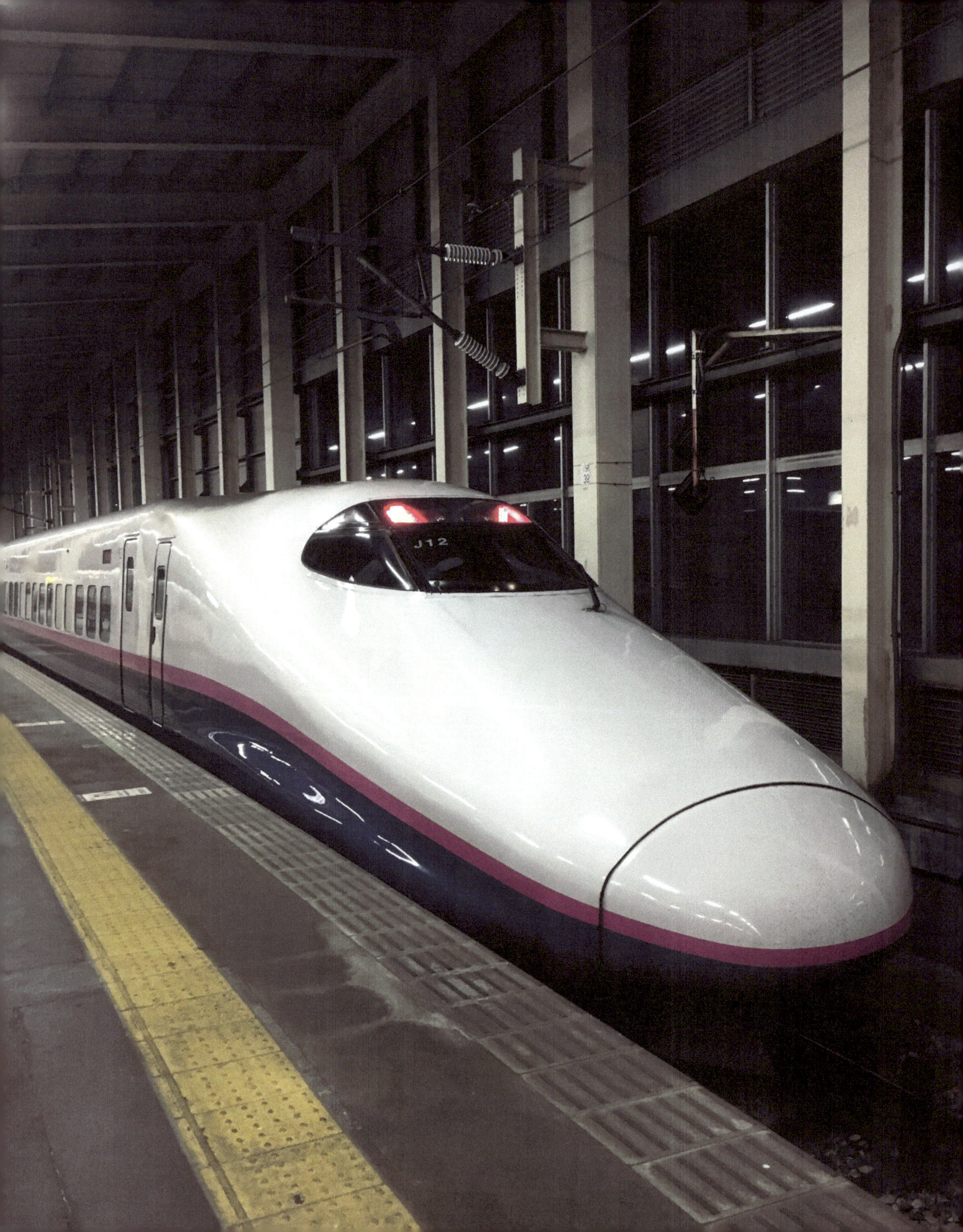
J12

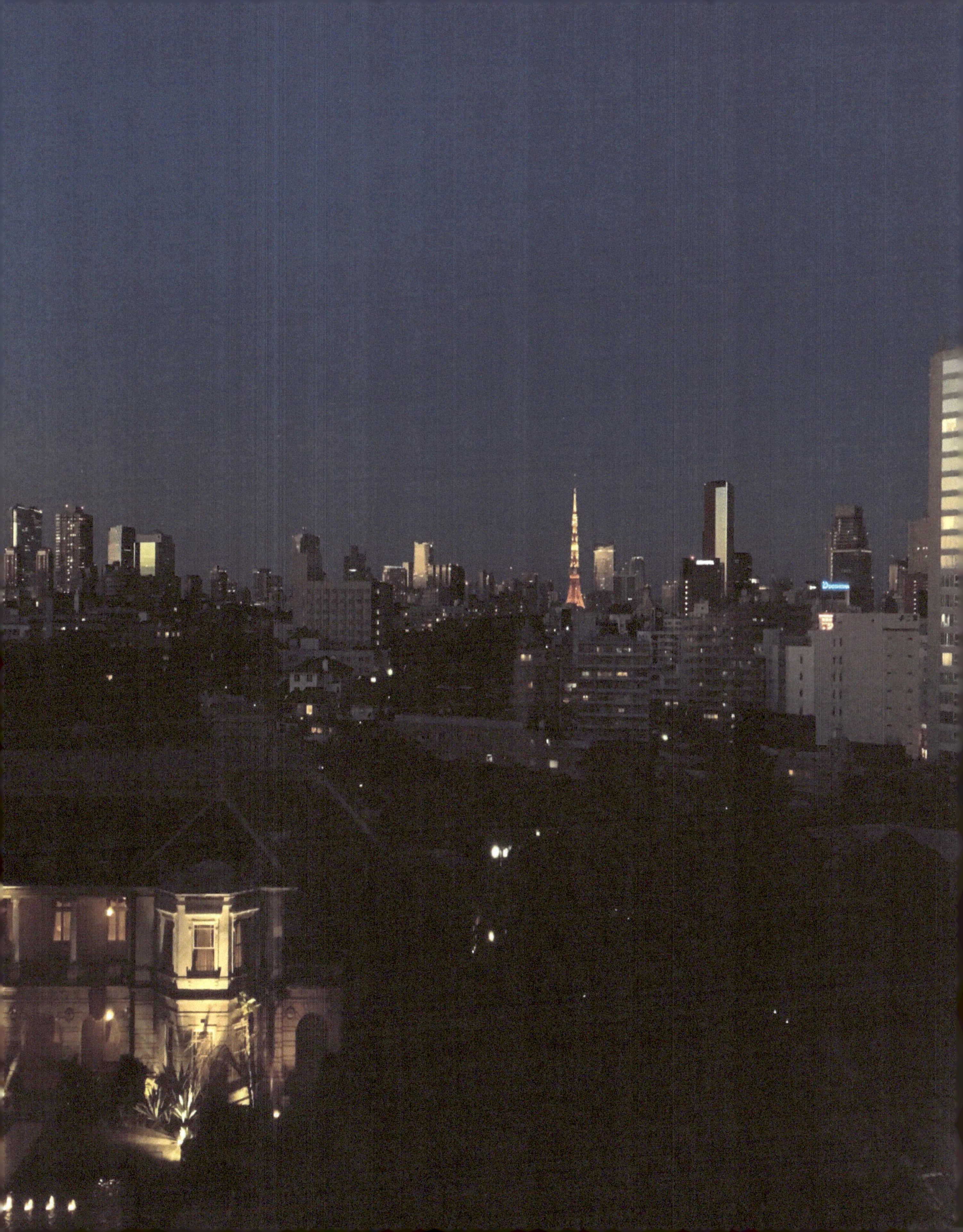

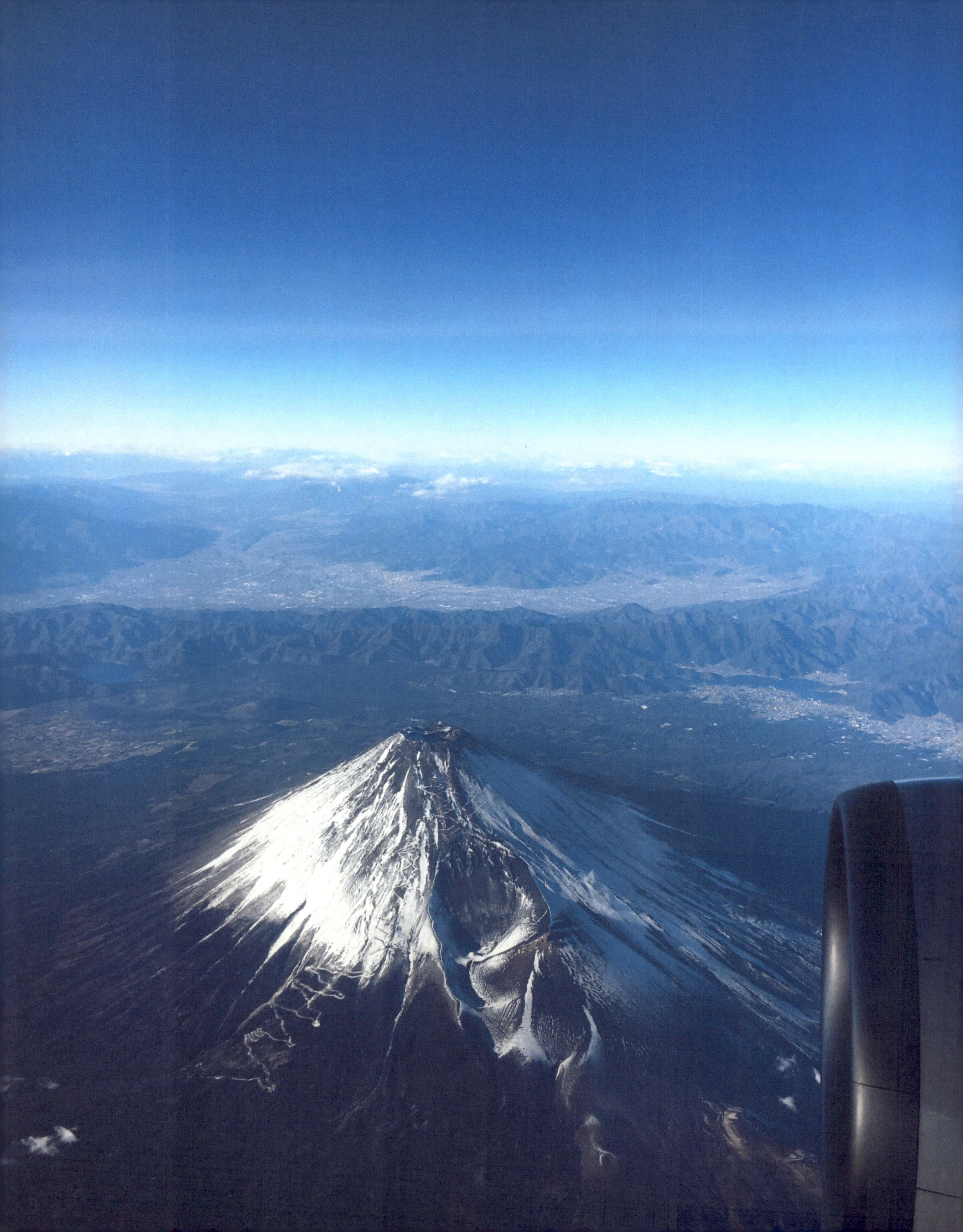

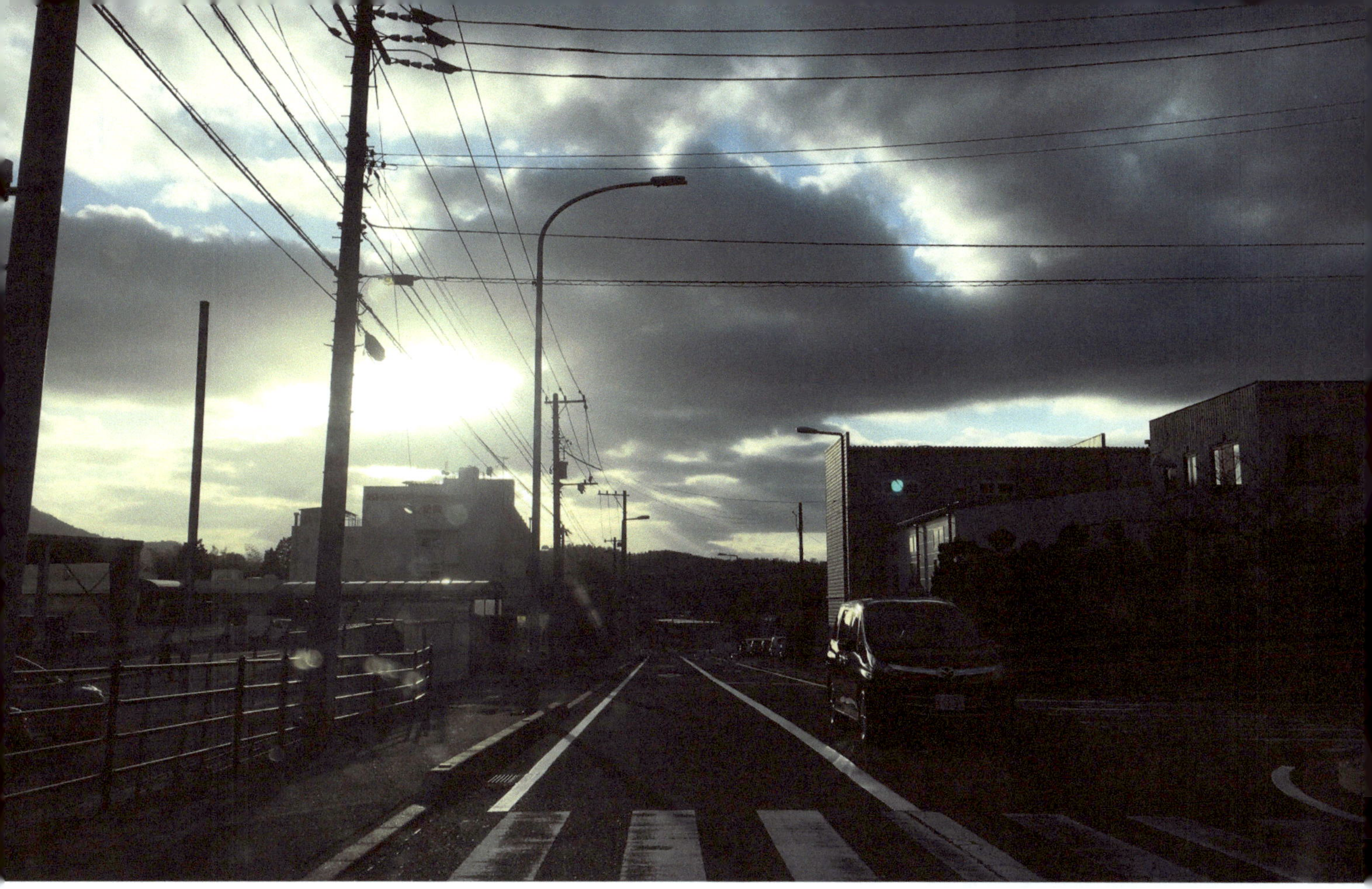

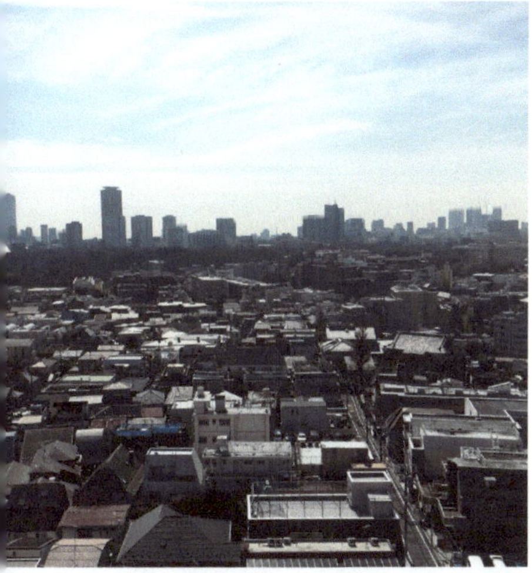

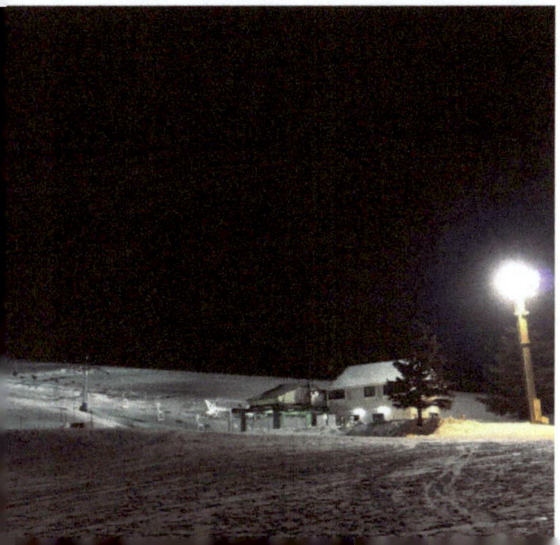

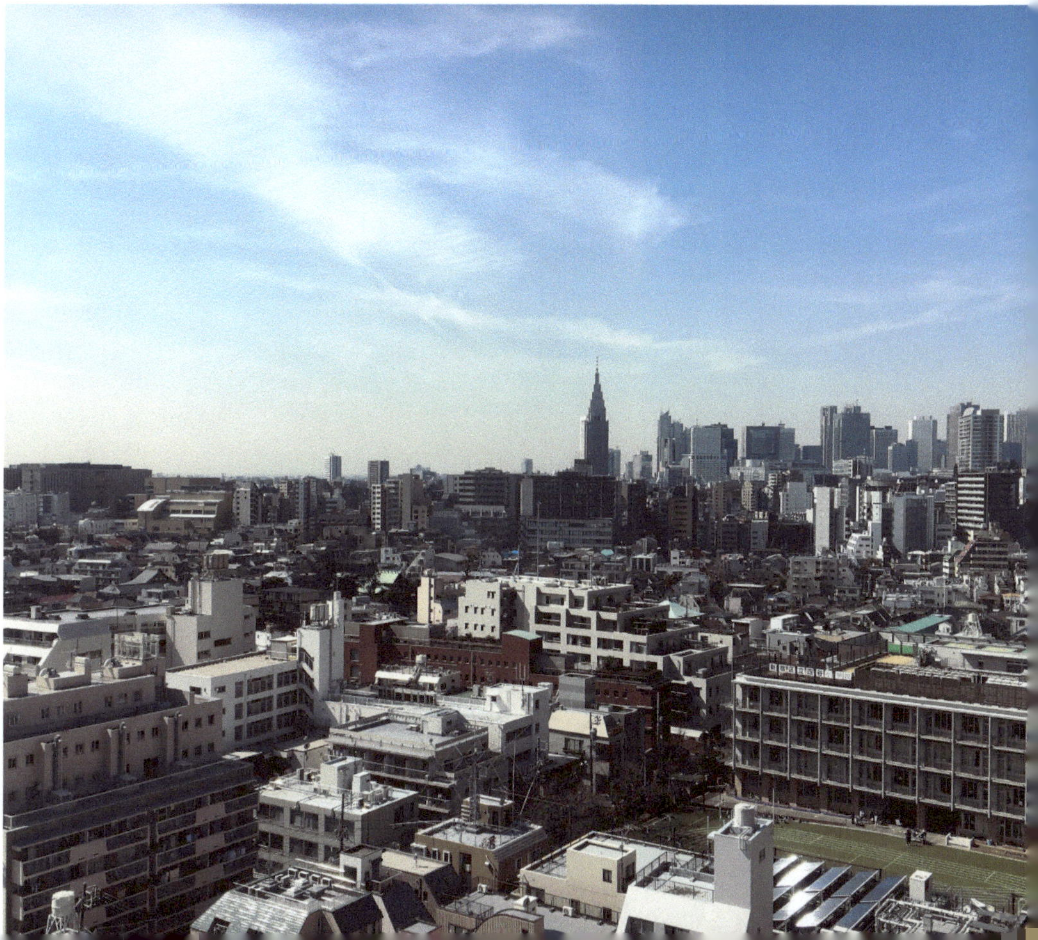

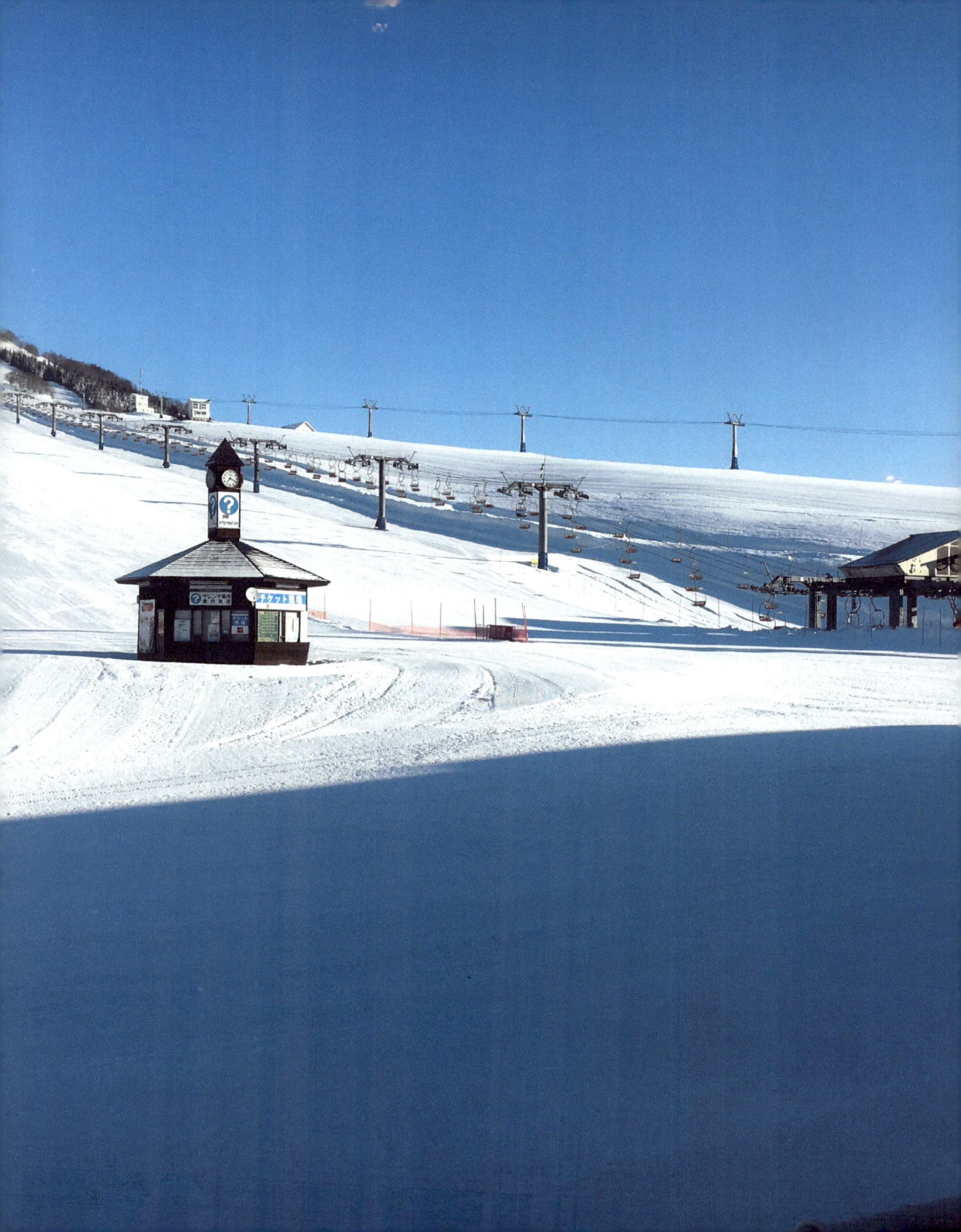
information
ゲレンデ案内

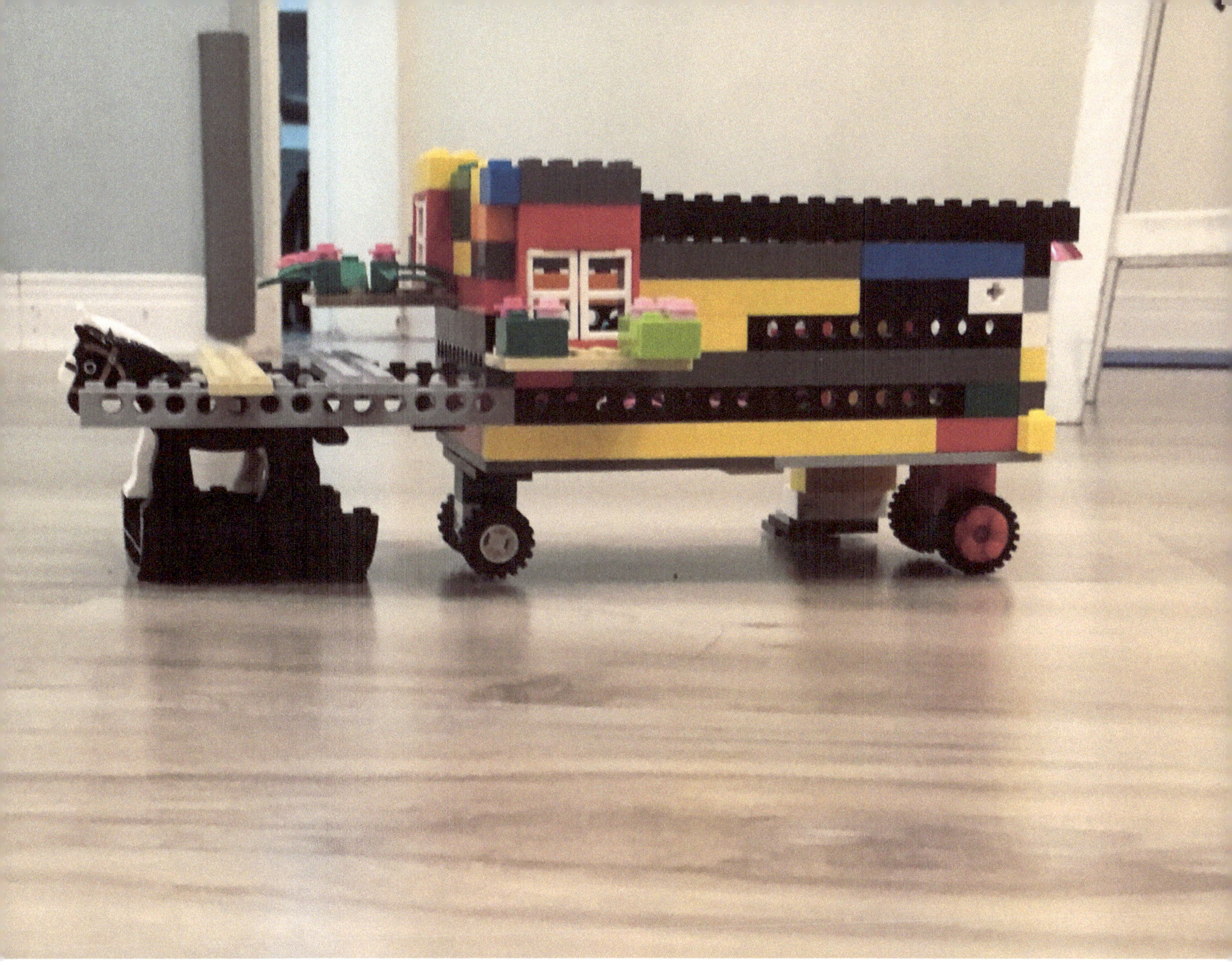

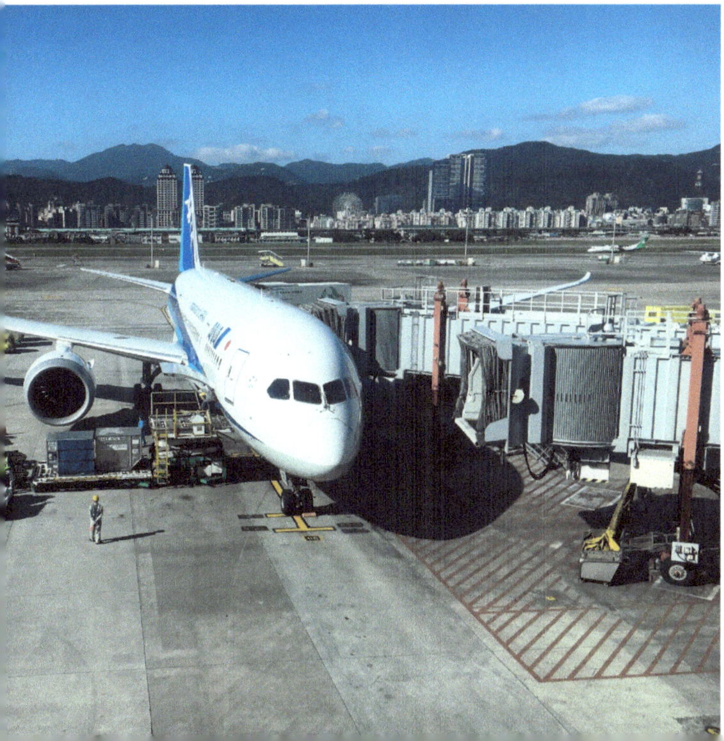

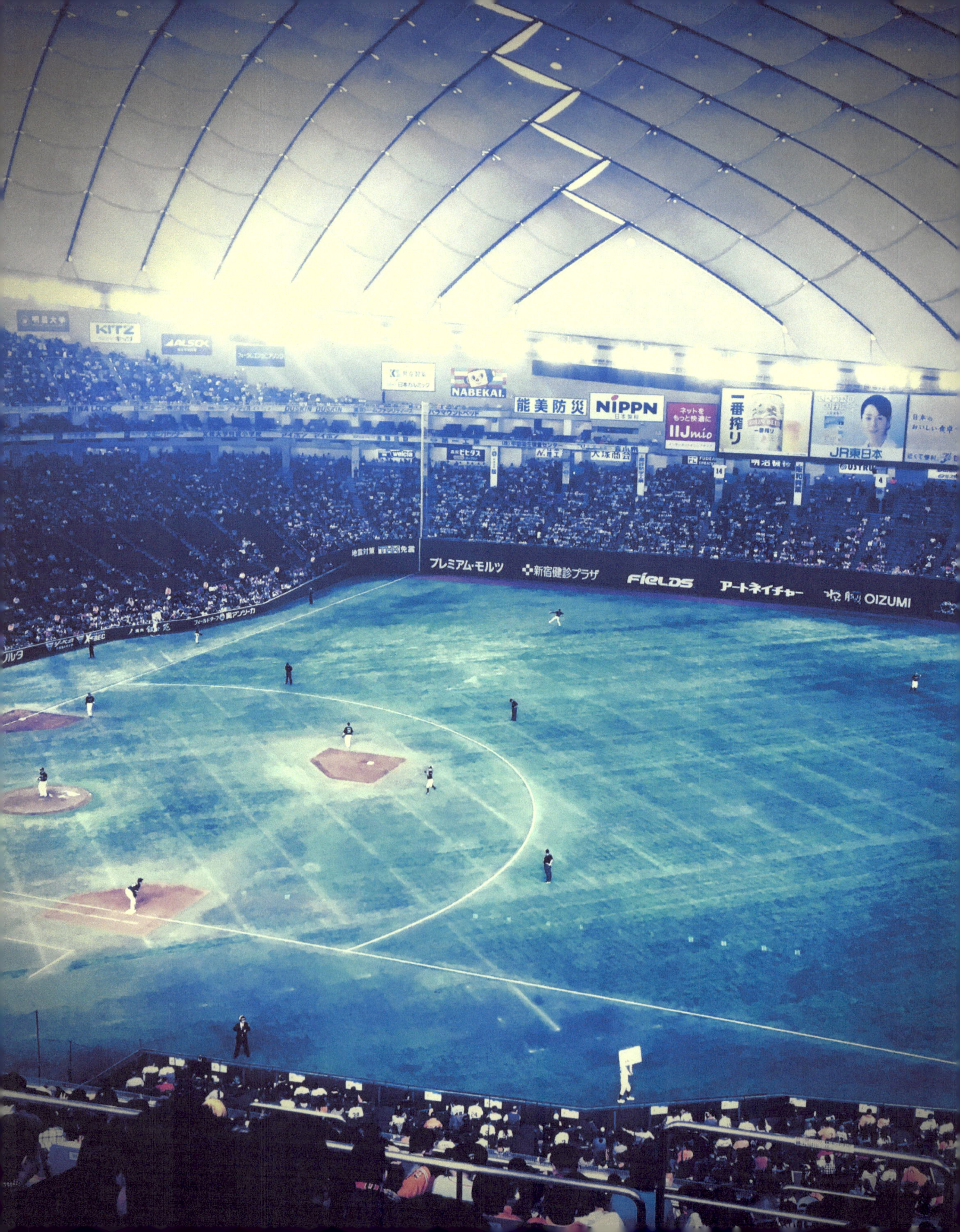
KITZ
ALSOK
NABEKAI.
能美防災
NIPPN
日本製粉
ネットを
もっと快適に
IIJmio
一番搾り
JR東日本
大塚商会
プレミアム・モルツ
新宿健診プラザ
FIELDS
アートネイチャー
OIZUMI

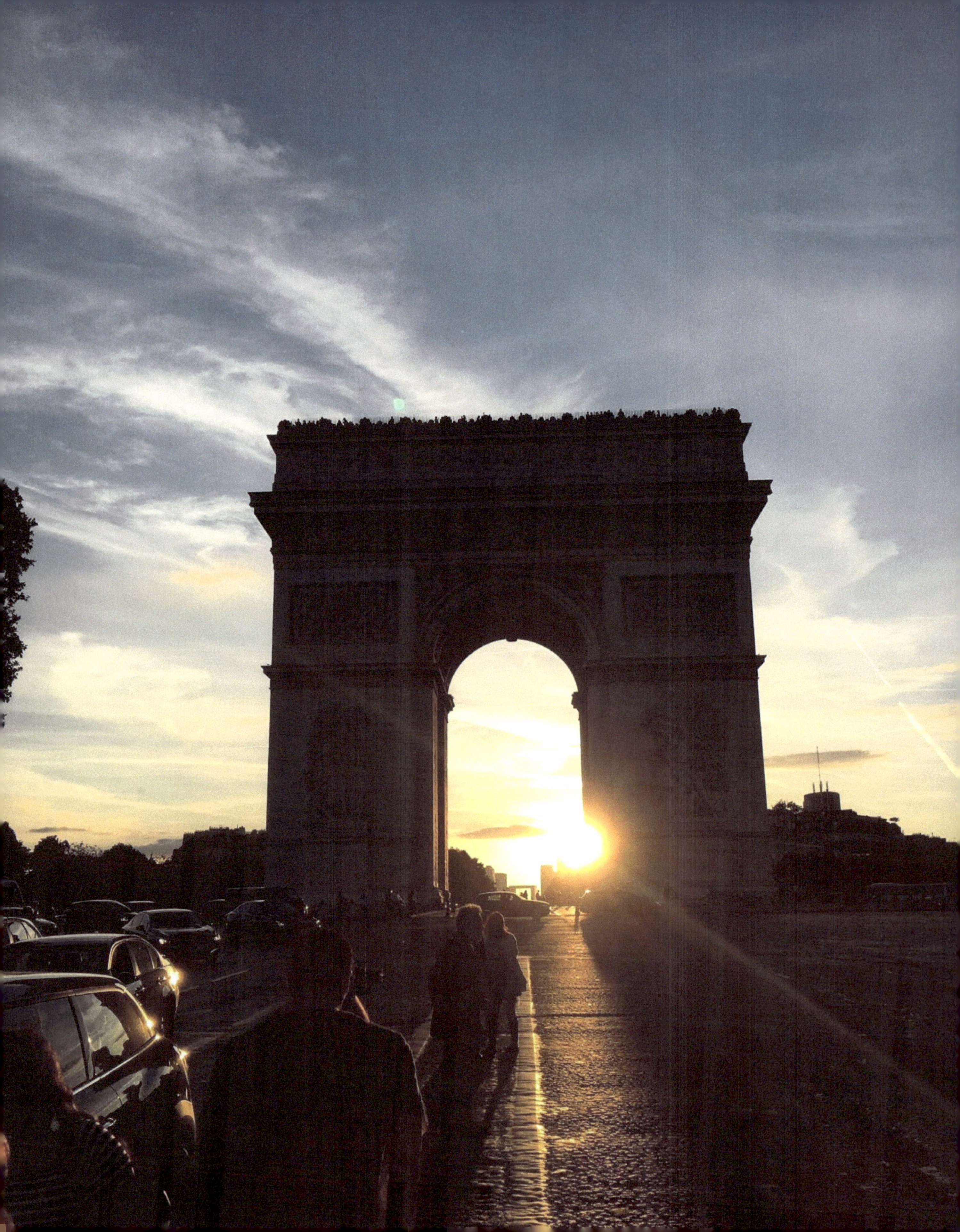

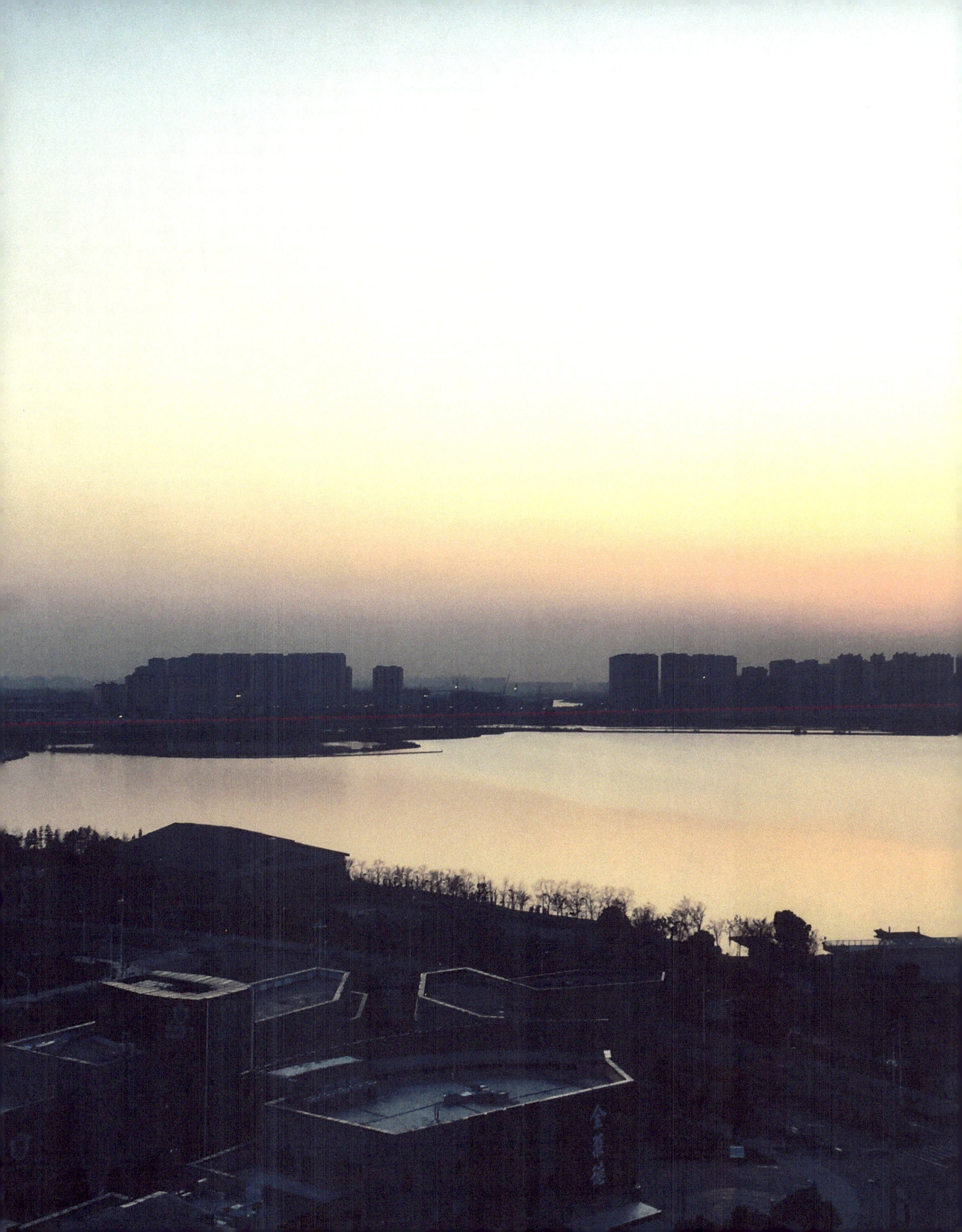

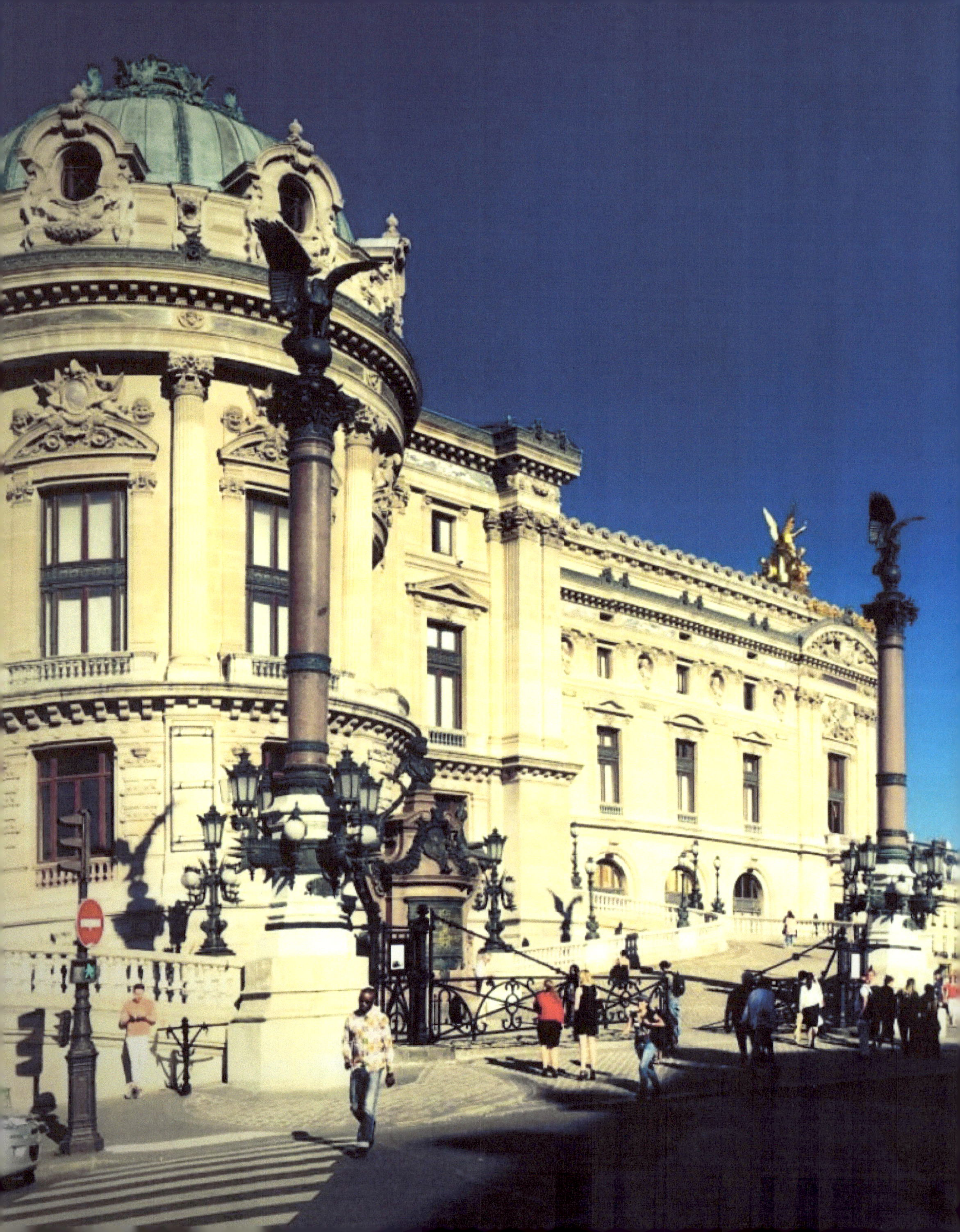

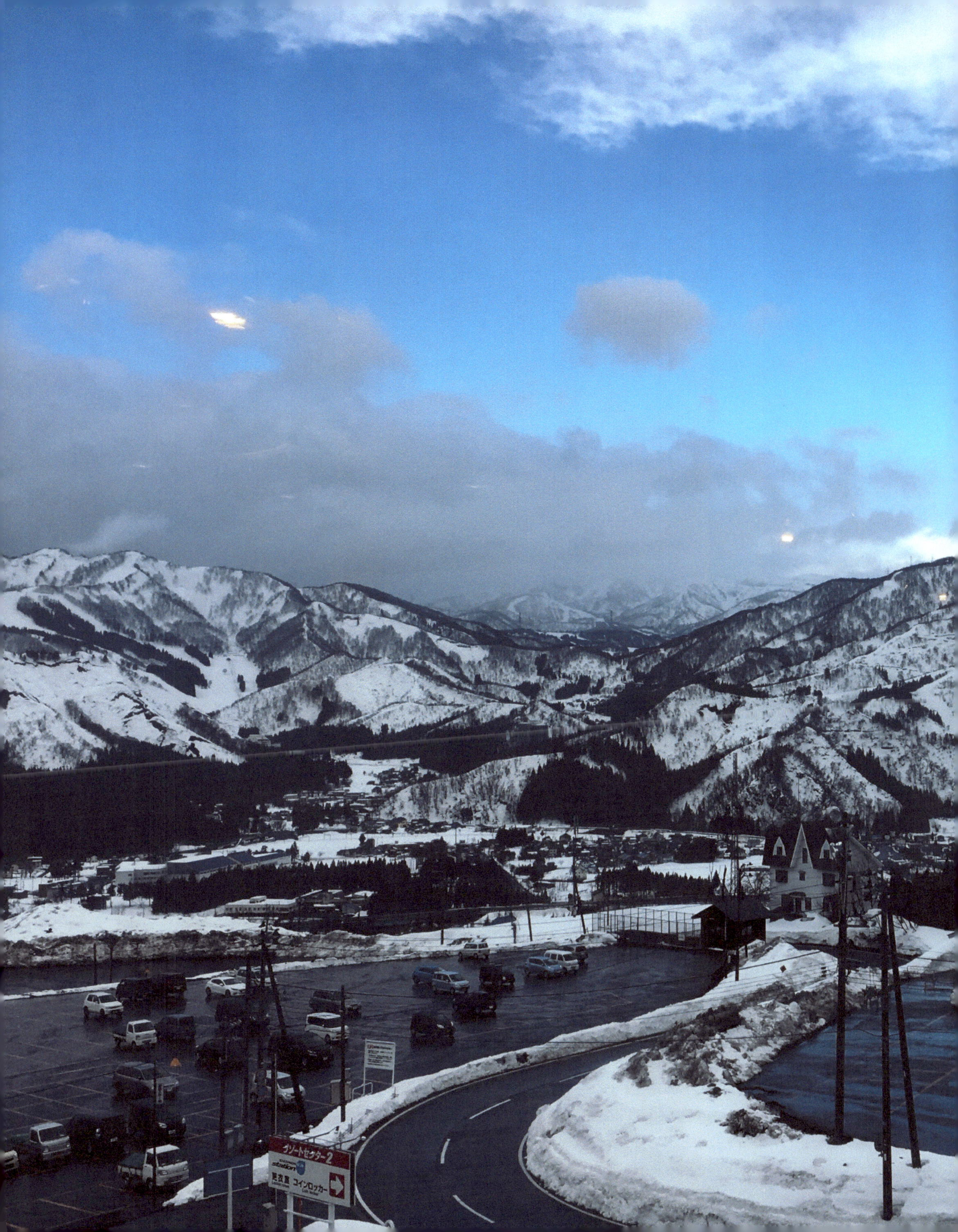
リゾートセンター2
station
更衣室
コインロッカー

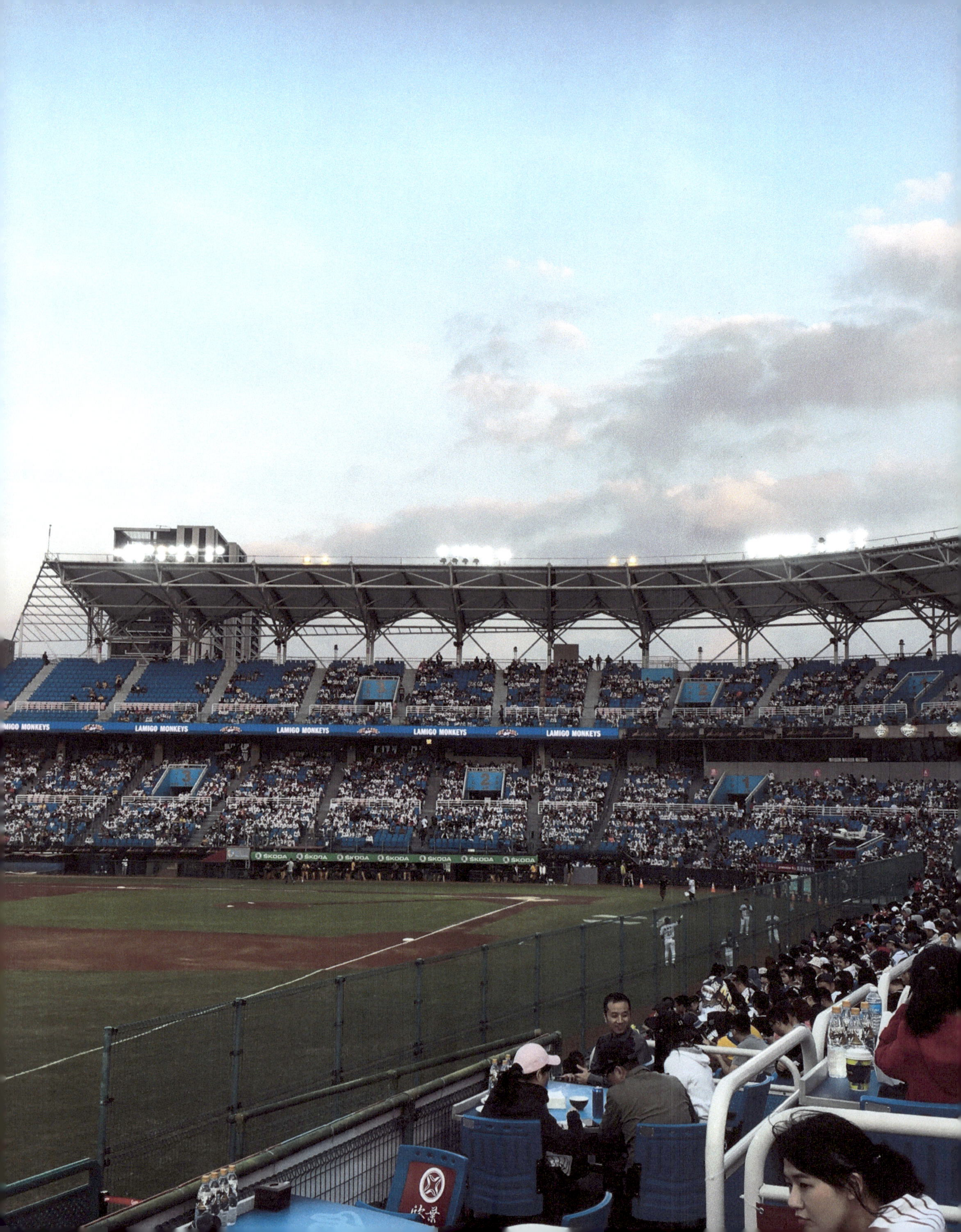
LAMIGO MONKEYS
LAMIGO MONKEYS
LAMIGO MONKEYS
LAMIGO MONKEYS
LAMIGO MONKEYS
ŠKODA
ŠKODA
ŠKODA
ŠKODA
ŠKODA
ŠKODA

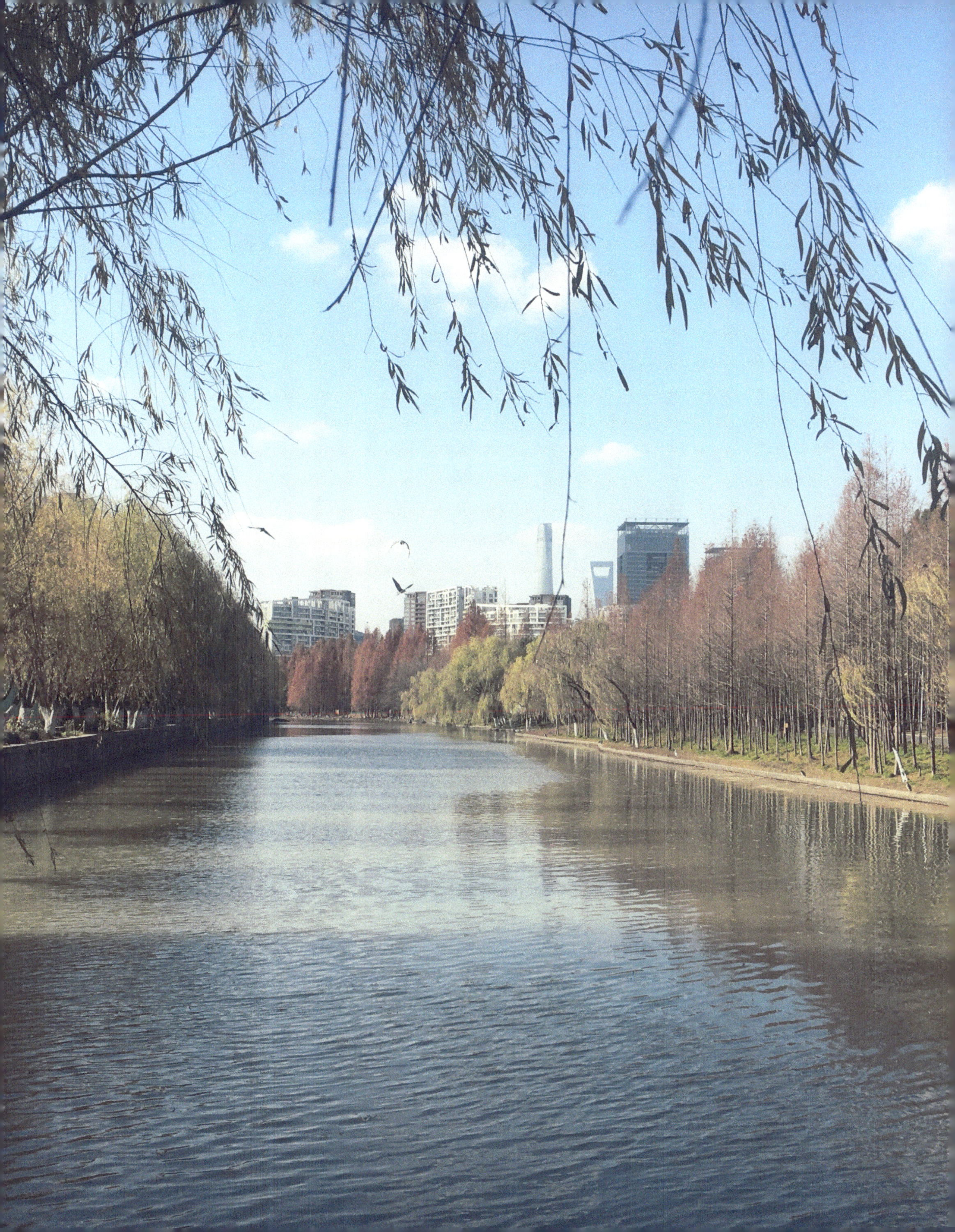

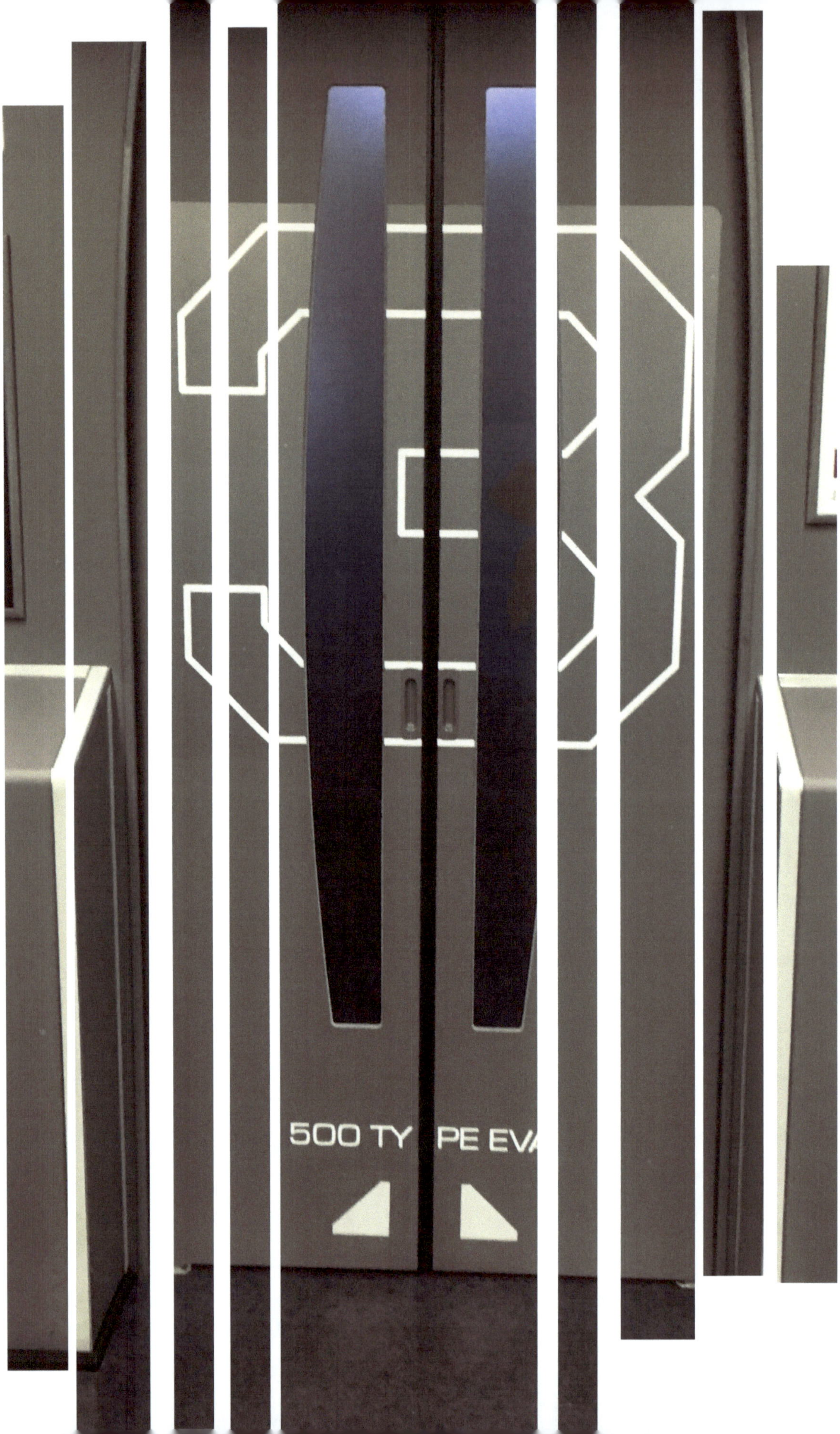
500 TY PE EVA

www.ingramcontent.com/pod-product-compliance
Lightning Source LLC
Chambersburg PA
CBHW051836210526
45473CB00005B/1893
* 9 7 8 1 9 8 6 6 0 2 4 9 5 *